BEI GRIN MACHT SICH IHR WISSEN BEZAHLT

Bibliografische Information der Deutschen Nationalbibliothek:

Die Deutsche Bibliothek verzeichnet diese Publikation in der Deutschen National-
bibliografie; detaillierte bibliografische Daten sind im Internet über http://dnb.d-
nb.de/ abrufbar.

Impressum:

Copyright © 2010 GRIN Verlag
Druck und Bindung: Books on Demand GmbH, Norderstedt Germany
ISBN: 9783668499140

Dieses Buch bei GRIN:

https://www.grin.com/document/372121

Martina-Michaela Haberland

Die menschliche Zivilisation in der Krise am Beispiel zweier Romane. T. C. Boyle, "Ein Freund der Erde" und Frank Schätzing, "Der Schwarm"

GRIN Verlag

GRIN - Your knowledge has value

Der GRIN Verlag publiziert seit 1998 wissenschaftliche Arbeiten von Studenten, Hochschullehrern und anderen Akademikern als eBook und gedrucktes Buch. Die Verlagswebsite www.grin.com ist die ideale Plattform zur Veröffentlichung von Hausarbeiten, Abschlussarbeiten, wissenschaftlichen Aufsätzen, Dissertationen und Fachbüchern.

Besuchen Sie uns im Internet:

http://www.grin.com/

http://www.facebook.com/grincom

http://www.twitter.com/grin_com

Inhalt

1. Einleitung

1.1 Gründe für die Wahl meines Themas

Mein Thema habe ich gewählt, da Krisen ein Aspekt im Leben eines jeden Menschen sind. Da gibt es finanzielle Krisen, Daseinskrisen, Ehekrisen, etc.

Sie betreffen jeden von uns zu jeder Zeit. Die aktuellsten Krisen sind aber meiner Meinung nach die der Umwelt und die in der Religion bzw. die existenziellen.

Die Natur wird von den Menschen immer mehr bedroht und schon heute sind weltweit Millionen Menschen von den Folgen betroffen. Die Meere sind durch die Konsumgesellschaft überfischt, die tropischen Regenwälder der Erde werden aus Profitgier abgeholzt, ohne Rücksicht auf die Auswirkungen auf das Weltklima und die unterschiedlichsten Tierarten wurden schon so gut wie ausgerottet, auch für Atommüll gibt es keine wirklich guten Entsorgungslösungen.

Anscheinend denken Politiker und Profitgeile Manager nicht daran, dass Probleme wie die Klimaerwärmung oder eben Atommülllagerung nicht mit dem Ende einer Generation plötzlich wie durch Zauberhand verschwinden. Sie bestehen schließlich weiter und die folgenden Generationen müssen damit leben und versuchen sie zu lösen.

Auch in der Religion vollzieht sich ein Wandel. Immer weniger Menschen interessieren sich für die Lehren Gottes. Wissenschaftler finden immer mehr über die Entstehung des Lebens heraus und auch im Weltall gibt es immer öfter Anzeichen für Planeten mit lebensfreundlichen Bedingungen. Diese Anzeichen, die weitergehend auch auf extraterrestrisches Leben schließen lassen, führen dazu, dass die Menschen ihre göttliche Schaffung in Frage stellen müssen.

1.2 Bedeutung und Aktualität des Themas für immer mehr Autoren

Das Thema Umwelt ist einfach unerschöpflich. Mit der Industrialisierung begann die exzessive Verschmutzung der Erde, der Meere und der Luft. Die Menschen haben noch nicht gewusst, welche Auswirkungen die Abgase der Fabriken haben können.

Später fand man heraus, dass Abgase wie Kohlenstoffdioxid zur Erwärmung der Erde beitragen und entwickelte Richtlinien für Abgase und Abwasser. Man begann Filteranlagen und Wiederaufbereitungsanlagen zu bauen. Aber dann fand man auch noch Öl in der Nordsee und die Ölfirmen fingen an riesige Ölbohrplattformen zu bauen, ohne sich jedoch Gedanken darüber gemacht zu haben, was man mit den

1

Bergen von Stahl anstellen soll, wenn die Ölquellen versiegen. Nach dem gleichen Schema stiegen viele Länder in die Atompolitik ein. Heute sucht man verzweifelt nach Lösungen, Brennstäbe und sonstigen Atommüll zu lagern.

Da diese Probleme alle heute noch bestehen und auch noch Jahrzehnte, wenn nicht Jahrhunderte aktuell sein werden, widmen sich immer mehr Autoren diesen. Die Menschen müssen umdenken und bewusster mit ihrer Umwelt umgehen. Auch Managern und Politikern darf es nicht mehr nur um Geld gehen.

Ich denke aufgrund dieser Probleme, die alle etwas angehen, gibt es immer mehr Autoren, die in ihren Büchern das Thema Umwelt behandeln. Bücher können, denke ich, oft mehr für ein Thema oder Problem sensibilisieren als trockene, faktenreiche Vorträge von Experten oder Politikern.

Ebenso der Aspekt Existenz wird in Romanen oft behandelt. Auch das ist ein Thema, das viele betrifft. Manchmal sind es orientierungslose Jugendliche, die nicht wissen wo sie hingehören oder wer sie sind, manchmal ist es eben die Menschheit im Allgemeinen und Religiöse, die sich vor dem Problem sehen, dass wir eventuell doch nicht die einzige Zivilisation im Weltall sind und somit vielleicht nicht Gott geschaffen.

1.3 Vorgehen in meiner Facharbeit

In meiner Facharbeit gehe ich erst jeweils auf den Inhalt der Romane "Ein Freund der Erde" von T.C.Boyle und "Der Schwarm" von Frank Schätzing ein. Dann beschreibe ich, wie die Autoren die verschiedenen Krisen darstellen. Am Ende führe ich noch Informationen zum jeweiligen Autor und dessen Bezug zum Thema Umwelt und Natur, bzw. zu Existenzfragen an.

Der zweite Teil des Hauptteils besteht aus einem Vergleich der beiden Romane und einer Untersuchung der Sprache der beiden Autoren.

Im Schluss nehme ich Bezug auf wissenschaftliche Fakten, die die Entwicklung des Klimas und deren Auswirkungen auf die Menschen betreffen und überlege mir, wie sich diese Fakten auf die Literatur auswirken werden.

2. Hauptteil

2.1 „Ein Freund der Erde" von T.C.Boyle

2.1.1 Inhalt des Romans

Der Roman „Ein Freund der Erde" beginnt mit einem Prolog im November 2025, in dem Tyrone „Ty" Tierwater einen Anruf von seiner Exfrau Andrea bekommt, die ihn um ein Treffen bittet. Bei einem gemeinsamen Essen eröffnet sie ihm, dass sie und eine Freundin, April Wind vorhaben eine Biografie über Tys tote Tochter Sierra zu schreiben.

Der erste Teil, der den Titel „Bring sie lebend zurück!" trägt, beginnt im Juli 1989 im Siskiyou Forest. Dort führen Ty, seine Partnerin Andrea, der Aktivist Teo und seine 13-jährige Tochter Sierra eine Protestaktion gegen die Abholzung des Waldes durch. Diese friedliche Aktion mißlingt jedoch und Ty greift Mitarbeiter der Holzfirma an, woraufhin er festgenommen und ihm das Sorgerecht für seine Tochter entzogen wird. Aus Protest dagegen zündet er nach seiner Entlassung aus dem Polizeigewahrsam eine Planierraupe an. Inzwischen ist Ty Tierwater auf Rache dafür aus, dass sein Leben so verpfuscht wurde durch die eine Protestaktion, außerdem vermisst er seine Tochter, die seit seiner Festnahme erst in einem Jugendgefängnis war und nun in einer Pflegefamilie untergebracht ist. Als er einen Brief von ihr erhält, beschließt er, trotz des Besuchsverbots zu ihr zu fahren. Dort angekommen nimmt er sie einfach mit und flieht mit ihr und Andrea.

Weiter geht es in Santa Ynez im November 2025. Ty, Andrea und ein Mitarbeiter von Maclovio Pulchris fangen die entlaufene Hyänin Lily wieder ein, wobei Ty von dieser in den Arm gebissen wird. Nachdem sie im Krankenhaus waren, kommt auch April Wind und die drei sitzen gemütlich beieinander. Als aber die Sprache auf das Buch über Sierra kommt, kommt es zum Streit, weil Ty nicht verstehen kann, wozu dieses Buch gut sein soll und die beiden Frauen beichten ihm, dass es ihnen mehr um das Geld geht, da sie die Umweltorganisation E.F.! wieder neu gründen wollen. Kurze Zeit später kommt Maclovio Pulchris von einer Reise zurück und zur gleichen Zeit wird das wütende Unwetter so heftig, dass alle gemeinsam in dessen Villa umziehen und sogar die Tiere werden dorthin gerettet und in den Keller eingesperrt.

Nun beginnt der zweite Teil, mit dem Titel „Unser wichtigstes Produkt heißt Fortschritt". Er steigt ein im November 2025 und es wird die Zeit in Maclovio Pulchris

Villa beschrieben. Andrea und Ty sind wieder ein. Dann erfahren wir etwas über die Zeit nach der Flucht mit Sierra und Andrea.

Die Zeit vergeht und nun ist Weihnachten. Die Hyäne Lily kann aus ihrem Gefängnis, einem Zimmer im Hause Pulchris entkommen und schließlich sogar aus dem Haus. April, Andrea und Ty arbeiten weiter an dem Buch über Sierra.

In Santa Ynez ist es jetzt schon April und ganz plötzlich endet die Regenzeit und die Trockenzeit schlägt mit aller Heftigkeit zu. Eines Morgens schafft es einer der Löwen sich aus dem Keller zu befreien und tötet Maclovio Pulchris und einige andere Angestellte.

Nach ihrer Flucht wohnen die drei unter falschem Namen im August 1989 in einer Hütte in der Sierra Nevada. Dort leben sie noch bis August 1990. Trotz der Gefahr führt Ty wieder Sabotageaktionen durch und zündet bei einer eine ganze Baumplantage an.

1990 beginnt Andrea langsam wieder aktiv für E.F.! zu arbeiten. Auf Grund einer Untersuchung durch das FBI, die Ty immer näher kommt vereinbart Andrea ohne Tys Wissen einen Handel, der dafür sorgt, dass sie wieder ein normales Leben führen können. Dafür muss jedoch Ty für sechs bis zwölf Monate ins Gefängnis. Vor Antritt der Strafe setzen Ty und Andrea noch ein Zeichen, indem sie für 30 Tage nackt und ohne Hilfsmittel in der Wildnis leben.

Der dritte Teil heißt „Wildnis Amerika" und zu Beginn erfahren wir etwas über Tys 365-tägige Gefängnisstrafe und seine Entlassung. Gegen seinen Richter und die Polizeistation, von deren Polizisten er 1989 verhaftet wurde richtet er Racheaktionen. Nachdem er für zwei Jahre ein vorbildliches Leben geführt hat wird ihm dies zu langweilig und bei einer Sabotageaktion gegen einen Stromerzeuger wird er verhaftet, zu einer viereinhalb jährigen Gefängnisstrafe und einer hohen Schadensersatzzahlung verurteilt. 1997 wird er aus dem Gefängnis entlassen und kurze Zeit darauf besteigt Sierra ihren Redwood.

Ein letztes Mal sind wir in Santa Ynez. Ty, Andrea und alle anderen, die noch in Maclovios Villa wohnen müssen das Haus räumen. Andrea hat die Idee in die Hütte zu ziehen, in der sie während ihrer Flucht vor der Polizei gewohnt hatten.

Die beiden fahren zu der Hütte und leben dort ein freies und ruhiges Leben.

Zum Inhalt ist auch noch zu sagen, dass es immer wieder Passagen gibt, in denen Ty Tierwater sich an seine Tochter erinnert. Mal an ihre Zeit als Teenager und dann an ihre 3-jährige Baumbesetzung.

2.1.2 Vorstellung des Protagonisten Ty Tierwater

Tyrone „Ty" O'Shaughnessy Tierwater ist 75 Jahre alt (vgl. S. 23)[1] und wurde in der, 1950 größten Stadt der Welt (vgl. ebd. S. 17), New York geboren. Seine 75 Jahre sind ihm auch anzusehen. Er hat eine Glatze (vgl. ebd. S. 21), eine „übergroße[ ], demütigend lange Altmännernase" (ebd. S. 13), außerdem einen „Truthahnlappen unter [s]einem Kinn" (ebd. S. 17) und „dürre[ ] Beine" (ebd. S. 19). Sein Alter ist ihm auch an einigen Gebrechen anzumerken, wie an seiner Schwerhörigkeit (vgl. ebd. S. 22) und Sehschwäche (ebd. vgl. S. 20), sowie Arthritis (vgl. ebd. S. 27) oder auch ein schwaches, unregelmäßig schlagendes Herz (vgl. ebd. S. 18).

Ty Tierwater ist halb irisch-katholisch und halb Jude (vgl. ebd. S. 17). Sein Vater war ein Immobilienmogul, der riesige Wohnhäuser bauen ließ.

Außerdem war er zweimal verheiratet. Einmal mit der Mutter seiner Tochter, Jane. Diese starb an einem anaphylaktischen Schock durch einen Bienenstich (ebd. vgl. S. 137) und das andere Mal mit Andrea Cotton, die ihn für den Umweltaktivisten Teo verließ. Seine Tochter starb mit 25 bei einem Protest, bei der sie einen Redwood besetzte, um zu verhindern, dass die Redwoods gefällt werden. Eines Tages fiel sie vor Schwäche von ihrer Plattform. Seine Exfrau Andrea liebt er immer noch, doch er kann ihr nicht wirklich verzeihen, dass sie ihn für einen seiner Rivalen verlassen hat. Im Jahr 2025 kehrt sie zu ihm zurück, um mit einer anderen Aktivistin ein Buch über Sierra Tierwater zu schreiben, um zu Geld zu kommen. Das Geld soll dazu verwendet werden, „E.F.! wieder aufleben zu lassen" (vgl. ebd. S. 99).

Tierwater selbst war in den 1980er und 1990er Jahren auch Umweltaktivist, saß sogar einige Male im Gefängnis und für einige Monate musste er untertauchen, da er von der Polizei gesucht wurde.

Er arbeitet als „Tierexperte" (ebd. S. 9) bei dem Popstar Maclovio Pulchris, der aus Liebe zu den bemitleidenswerten letzten Tieren dieser Welt seine eigene „Privatmenagerie" (ebd. S. 9) eingerichtet hat, die Tierwater versorgt und überwacht.

Maclovio Pulchris stellt Tierwater auch eine Unterkunft, „ein Zwei-Zimmer-Gästehaus am äußersten Rand seines Grundstücks" (ebd. S. 15). Dieses ist allerdings auf Grund der Wetterverhältnisse inzwischen undicht und mehr oder weniger

---

[1] Boyle T.C., Ein Freund der Erde, München, Deutscher Taschenbuch Verlag, 2009, 6.Auflage, vgl.S.23

heruntergekommen, aber es reicht für Tierwater zum Leben. Auch seine Eltern sind beide Tod. Sie starben, als ein Stahlträger auf ihr Auto fiel (vgl. ebd. S. 87).

2.1.3 Darstellung der klimatischen Situation

2.1.3.1 Verschiebung der Klimazonen

Eine abstraktere Problematik die Boyle anspricht ist die Veränderung des Klimas auf der Erde und die damit zusammenhängende Verschiebung der Lebensräume des Menschen.

Als erstes erfährt der Leser, dass es in Kalifornien plötzlich extreme Regenzeiten und Trockenzeiten gibt (vgl. S. 10/244)[2]. In der Regenzeit gibt es wochenlange Regenfälle und in der Trockenzeit kann es in der Früh schon dreißig Grad Celsius haben (vgl. ebd. S. 244). Schuld daran ist der „Treibhauseffekt" und die „Globale Erwärmung" (ebd. S. 245).

In den mediterranen Weinbaugebieten des Napa Tals und des Sonoma Tals kann heute nur noch Reis angebaut werden (vgl. ebd. S. 28) und auch in anderen Weinbaugebieten, wie am Rhein oder der Loire regnet es so viel, dass dort kein Wein mehr angebaut werden kann (vgl. ebd. S. 28). Dafür gibt es jedoch andere Gegenden wo früher niemals denkbar gewesen wäre, Wein anzupflanzen. Ty Tierwater erwähnt die Norweger, die angeblich „kalifornische Reben in den Vororten von Oslo anbauen" (ebd. S. 28).

Gebiete, die früher nicht gerade als ideal angesehen wurden, sind zu Wohnorten für Millionen Menschen geworden. Dazu gehören Mexico City, das ehemals einem sehr trockenen Gebiet lag oder auch Sao Paulo, das in tropischen Breitengraden lag (vgl. ebd. S. 61/62).

Durch die veränderten klimatischen Verhältnisse gibt es neue Krankheiten, wie die Mucosa. Dies ist eine Art Grippe, die aber die Ausmaße einer Epidemie annimmt und deren Viren sich immer wieder verändern (vgl. ebd. S. 100; 152).

2.1.3.2 Abholzung der Wälder und Aussterben der Artenvielfalt

Ein anderes Problem, das behandelt wird, ist die Abholzung der Bäume. Die problematischen Themen erfährt der Leser durch Gedanken von Ty Tierwater und Gespräche der Figuren. Im Jahr 2025 gibt es, wie Ty Tierwater erzählt nur noch einen Bruchteil des Waldbestandes und die Bäume, die noch übrig sind, sind in der Regel

---

[2] Boyle T.C., Ein Freund der Erde, München, Deutscher Taschenbuch Verlag, 2009, 6.Auflage

krank und kaputt (vgl. ebd. S. 59). In den 1980er und 1990er Jahren wurden „die Wälder [so] geschändet" (ebd. S. 36), dass Papier sich bis 2025 zu Mangelware entwickelt hat (vgl. ebd. S. 208). Jahrtausend alte Redwood-Bäume wurden für so kurzfristige Vergnügen wie Badewannen verschwendet (vgl. ebd. S. 210). Die Abholzung der Wälder ist auch ein großes Anliegen der Umweltorganisation „Earth Forever!". Viele ihrer Protestaktionen richten sich gegen Firmen, die Möbel- oder Papierhersteller beliefern. So zum Beispiel 1989 im Siskiyou Forest wo sich Ty Tierwater mit seiner Familie mit den Füßen in Beton stellt um die Holzfäller daran zu hindern zu ihrem Arbeitsplatz zu fahren (vgl. ebd. S. 45-54). Oder auch Sierra Tierwater, die drei Jahre lang auf einem Redwood lebt, um die Fällung dieser uralten Bäume zu verhindern (vgl. ebd. S. 97/341).

Da die Wälder so weit abgeholzt wurde, gibt es nicht einmal mehr echte Holzbretter, sondern nur noch Synthetikholz, dass aus Kunstharz und alten Autoreifen hergestellt wird (vgl. ebd. S. 297).

Die extreme Rodung der Wälder führte zu einem weiteren Problem, das 2025 existiert. Die meisten Tierarten sind ausgestorben. Bei den Wildtieren zum Beispiel gibt es keine „Luchse, Maultierhirsche, Kaninchen, Wachteln und Füchse" (ebd. S. 17) mehr. Auch Fleckenkauze gibt es vermutlich nicht mehr, da diese schon 1989 extrem gefährdet waren (vgl. ebd. S. 37). Schneehühner, Kröten, Elefanten, Löwen, Ameisenbären, Thunfische (vgl. ebd. S. 57; 68; 109; 23; 110; 160) und viele andere Tiere sind entweder komplett ausgestorben oder es existieren nur noch wenige Exemplare ihrer Art. Um die Tiere zu erhalten, klont man sie (vgl. ebd. S. 23) sofern man noch ein Exemplar zum Klonen auftreiben kann.

Die Zerstörung der Fauna zieht natürlich wieder eine weitere Schwierigkeit mit sich, die auch im Roman genannt wird, die Rede ist von tierischen Nahrungsmitteln. So simple Nahrungsmittel, wie Eier sind nur noch schwer zu finden (vgl. ebd. S. 55) und Fleisch braucht man gar nicht erst versuchen zu erstehen. Die letzten Reste haben vermögende Bürger, wie Maclovio Pulchris gehortet (vgl. ebd. S. 153). Das einzige tierische Produkt, dass es anscheinend noch reichlich gibt ist offenbar Fisch, wie Wels (vgl. ebd. S. 25), da es diesen in den Restaurants gibt wie zu früheren Zeiten Fleisch.

2.1.4 Informationen über den Autor T. C. Boyle

2.1.4.1 Biografisches

T. C. Boyle wurde am 2. Dezember 1948 in Peekskill, NY geboren. Sein Vater war Busfahrer und seine Mutter Sekretärin. Mit 17 Jahren besann er sich auf seine irischen Wurzeln und änderte seinen zweiten Vornamen in Coraghessan. In seinem Geburtsort besuchte er die High School und nach deren Abschluss begann er ein Studium. Dieses beendete er 1968 mit einem Abschluss in Englisch und Geschichte. Um nicht als Soldat nach Vietnam zu müssen wurde er Lehrer an seiner ehemaligen High School und unterrichtete dort bis 1972. Da diese Schule sich zu einem „sozialen Brennpunkt"[3] entwickelt hatte, an dem es auch große Drogenprobleme gab, verfiel auch Boyle den Drogen.

In dieser Zeit schrieb er einige Kurzgeschichten und mit der Veröffentlichung von „The OD and Hepatitis RR or Bust" (ebd.) wurde er in den berühmten „Writers Workshop" (ebd.) an der staatlichen Universität in Iowa aufgenommen.

1974 heiratet er seine College Freundin Karen Kvashay mit der er zwei Söhne und eine Tochter bekam.

Daraufhin wandte er sich von den Drogen ab und machte 1975 noch einen Abschluss in Englischer Literatur des 19. Jahrhunderts, den er glänzend bestand. 1977 promovierte er mit einer Sammlung von Kurzgeschichten, die später unter dem Titel „Descent of Man" veröffentlicht wurde.

1978 bekam er einen Lehrauftrag an der Universität von South Carolina und später auch eine Professur in Englisch. An dieser Universität arbeitet er noch heute.

Bis 2009 veröffentlichte Boyle elf Romane und erhielt zahlreiche Preise und Auszeichnungen[4].

Aktuell lebt Boyle mit seiner Familie in den Bergen von Kalifornien.

2.1.4.2 Persönlicher Bezug des Autors zum Thema Umwelt und Natur

T. C. Boyle unterstützt, wie er selbst sagt die gemeinnützige amerikanische Naturschutzorganisation „The Nature Conservancy". Diese befasst sich mit dem Schutz der Flora und Fauna im Allgemeinen. Diese Organisation ist außerdem in über 30 Ländern aktiv.

---

[3] http://www.whoswho.de/templ/te_bio.php?PID=404&RID=1
[4] http://de.wikipedia.org/wiki/T._C._Boyle#Romane

Außerdem unterstützt er noch den „National Park Service", die amerikanische Behörde die sich um die amerikanischen Nationalparks kümmert. Nach eigener Aussage belässt Boyle seinen Besitz weitgehend in einem natürlichen Stadium als eine Art kleines Schutzgebiet für heimische Tierarten. Auch ist Boyle traurig über die Zerstörung der Natur durch den Menschen.

2.2 „Der Schwarm" von Frank Schätzing

2.2.1 Inhalt des Romans

Der Roman beginnt mit einem Prolog, in dem ein Fischer durch einen riesigen Fischschwarm ertrinkt.

Im darauffolgenden ersten Teil werden die Menschen auf der ganzen Welt von Meerestieren angegriffen. Aufgrund von Veränderungen im Verhalten der Tiere heißt dieser Teil auch Anomalien. Besonders in Kanada treten gehäuft Angriffe von Walen auf Boote auf, an bekannten Badestränden werden Millionen hochgiftiger Quallen angespült. Auf hoher See werden plötzlich Schiffe von Muscheln befallen, die die Schiffe manövrierunfähig machen. Wieder an anderen Stellen krabbeln Krebse an Land, die mit einer gallertartigen Masse gefüllt sind, die giftige Bakterien enthält. Vor Norwegen bevölkern neuartige Borstenwürmer die Kontinentalhänge. Diese Würmer schleusen Bakterien ein, die Methanhydrat fressen und sich aber ins Hydrat bohren. So wird der Hang instabil und rutscht darauf hin ab, was einen gewaltigen Tsunami auslöst, der tausende Menschen in Nordeuropa tötet und die interkontinentale Infrastruktur und Kommunikation lahm legt.

Nur langsam gewinnen Wissenschaftler in Europa und Kanada Erkenntnisse über die Verhaltensveränderungen und die Würmer und die Auswirkungen.

Der zweite Teil des Romans heißt bezeichnend auch Château Disaster, da dieser Teil sich mit den Katastrophen auf der ganzen Welt beschäftigt und hauptsächlich in dem kanadischen Nobelhotel Château Whistler spielt.

Hier versammelt die USA eine ganze Reihe internationaler Wissenschaftler, um sich mit der Bedrohung durch eine fremde Macht zu beschäftigen. Eine fremde Macht wird von der CIA lange Zeit ausgeschlossen, sie glaubt vielmehr an terroristische Angriffe. Diese fremde Macht hat offenbar beschlossen, die Menschen, die deren Lebensraum zerstören, zu vernichten. Der Wissenschaftler Sigur Johanson, der als erster eine solche Theorie aufgestellt hat, nennt die unbekannte, intelligente Macht Yrr. Die Wissenschaftler beginnen Muster hinter den Anomalien zu erkennen und merken, dass die Yrr eine ziemlich intelligente Kriegsführung haben, was sie auch darauf bringt, dass die offensichtlichen Katastrophen nur Ablenkmanöver sein sollen. So finden sich an den Kanarischen Inseln dieselben Würmer wie in Norwegen und machen das Vulkangestein unter der Insel La Palma instabil, aber der Tsunami, der durch ein

Einstürzen dieser Insel ausgelöst werden würde, würde noch gewaltiger sein als der in Nordeuropa.

Als die Bedrohung an Land durch giftige Krabben und verseuchtes Wasser immer größer wird, wechseln die Wissenschaftler den Ort und zwar auf den amerikanischen Flugzeugträger USS Independence in der Grönländischen See, wo auch die zentrale Lage der Yrr vermutet wird, da von dort aus immer wieder ein ungewöhnliches Geräusch gesendet wird.

Auf der USS Independence können die Forscher Kontakt zu den Yrr aufnehmen. In akustischen Botschaften versuchen sie die Yrr zu überzeugen, dass sie die Menschen nicht ausrotten sollen, was die Yrr aber wenig interessiert.

Durch einen, für die Amerikaner dummen Zufall, finden die Wissenschaftler heraus, dass sie einen militärischen Schlag gegen die Yrr planen. Mit den Forschungserkenntnissen entwickeln die Amerikaner im Geheimen einen Giftstoff um die Yrr zu töten. Es kommt zu einem handfesten Streit zwischen den Wissenschaftlern und den Militärs, der zu einem Kampf ausartet, bei dem es die ersten zivilen Opfer auf der USS Independence gibt.

Genau zu dieser Zeit starten aber auch die Yrr einen Angriff auf die USS Independence, was den vierten Teil mit dem Namen „abwärts" einleitet. Am Rumpf der USS Independence explodiert etwas, das ein großes Loch in das Schiff reißt. Durch dieses Loch beginnt der Flugzeugträger langsam zu sinken. Daraufhin versuchen Wissenschaftler wie Militärs ihre Lösung gegen die Yrr durchzuführen. Die Generalin Judith Li versucht die Torpedos mit dem Gift zu retten, um es so im Meer zu verteilen. Um in eins der Unterwasserboote zu gelangen erschießt sie Sigur Johanson, der in das Boot hereinfällt. Li muss ihn so notgedrungen mitnehmen, aber unter Wasser kann der noch lebende Johanson den Abschuss der Torpedos verhindern und sie zerstören, wobei er und Li getötet werden. Die überlebenden Wissenschaftler auf der USS Independence spritzen derweil das Pheromon der Yrr, dass sie künstlich reproduziert haben in den Körper eines toten Mannes. Mit dieser Methode wollen sie den Yrr zeigen, dass auch die Menschen intelligent sind und sie es verdient haben zu leben.

Leon Anawak schafft es sich und Samantha Crowe von dem Flugzeugträger zu retten.

Im fünften Teil, der den Namen „Kontakt" trägt, taucht Karen Weaver mit einem der Tauchboote auf den Grund des Meeres, um den Pheromon getränkten Körper des toten Mannes zu den Yrr zu bringen. Dies gelingt ihr, sie taucht wieder an die

Wasseroberfläche und dort wird sie von Leon Anawak und Samantha Crowe aufgelesen.

Zu letzt kommt noch der Epilog. Er heißt „Aus den Chroniken von Samantha Crowe" und hier beschreibt Samantha Crowe die Situation ein Jahr nach dem Untergang der USS Independence. Schon kurze Zeit nach dem Untergang hörten die Angriffe der Yrr auf, die Tiere kehrten zu ihren üblichen Verhaltensweisen zurück und die Einsturz gefährdeten Kontinentalhänge und Inseln stabilisierten sich wieder.

2.2.2 Vorstellung der Protagonisten

2.2.2.1 Sigur Johanson

Sigur Johanson ist 56 Jahre alt. Er ist ein „gut aussehender Mann mit grau meliertem Haar und Vollbart"[5] (S.448) und wird sogar mit dem deutschen Schauspieler Maximilian Schell verglichen (vgl. ebd. S. 452). Er wohnt in der Kirkegata des Trondheimer Vorortes Möllenberg (vgl. ebd. S. 26). Dort bewohnt er das „Erdgeschoss eines ockerfarbenen Giebeldachhäuschens mit weiß gestrichener Vortreppe und Türsturz" (ebd. S. 26).

Sigur Johanson ist ein Bonvivant. Er ist ein Feinschmecker, besonders schätzt er einen guten Wein (vgl. ebd. S. 26) und er mag schicke Autos, wie seinen Jaguar (vgl. ebd. S. 26).

Die einzige seiner Bekannten, die besonders herausgegriffen wird ist Tina Lund. Johanson und sie hätten beinahe einmal eine Affäre begonnen, dann aber eingesehen, dass eine gute Freundschaft vielleicht besser sei (vgl. ebd. S. 28). Später im Buch kommt sie bei einem Tsunami ums Leben und Johanson gibt sich die Schuld dafür, da er sie nicht davon abgehalten hat zu ihrem Freund an die Küste zu fahren. Seit ihrem Tod fühlt er sich zum ersten Mal in seinem Leben alt (vgl. ebd. S. 513) und er beginnt sich zu fragen, ob „er es [sein Leben] richtig gelebt hatte" (ebd. S. 514).

Für Johanson „war Veränderung immer Lebenselixier gewesen" (ebd. S. 513), für seine Ex-Frau aber ein „Lebensentzug" (ebd. S. 513), was auch der Grund für ihre Scheidung gewesen war. Nach seiner Scheidung zog Johanson nach Trondheim (vgl. ebd. S. 513) und hatte aber keine festen Beziehungen mehr, sondern nur noch kurze Affären (vgl. ebd. S. 512).

---

[5] Schätzing F., Der Schwarm, Frankfurt am Main, Fischer Taschenbuch Verlag, 2009, 19. Auflage

Sigur Johanson ist Meeresbiologe und angestellt an der „NTNU, Norwegens großer technischen Universität" (ebd. S. 26), wo er Forschungen betreibt und als Professor Vorlesungen abhält.

Seine große Rolle im Buch besteht darin, als erster die Zusammenhänge zwischen den Anomalien auf der ganzen Welt herzustellen. Er stellt auch „seine eigene Theorie" (ebd. S. 454) auf, dass alle neuen Vorgänge von einer intelligenten Macht gesteuert werden, was sich letztendlich als richtig erweist. Er gibt den Yrr ihren Namen und sorgt am Ende dafür, dass Judith Li die Yrr nicht vernichten kann, wobei er aber getötet wird. Judith Li schätzt er sehr, aber gleichzeitig misstraut er ihr auch (vgl. ebd. S. 775). Er ahnt, dass sie etwas im Schilde führt, auch weil sie in einem Gespräch die „Werte [ihrer] Gesellschafft" (ebd. S. 770) außerordentlich betont. Außerdem „faszinierte [sie] in auf unbestimmte Weise" (ebd. S. 514). Er kann nicht genau sagen, was es ist, aber ihr junges Aussehen spielt sicher eine Rolle und er denkt sogar kurzzeitig daran, „mit ihr ins Bett zu gehen" (S. 514)[6].

Der Leser erfährt nichts über Johansons Elternhaus und nicht viel über seine Vergangenheit.

2.2.2.2 Leon Anawak

Die zweite, meiner Meinung nach wichtige Person im Roman, ist Leon Anawak. Er ist 31 Jahre alt (vgl. ebd. S. 38) und ein „mittelgroße[r] Mann von gedrungener Statur, mit breiten Wangenknochen und kupferfarbener Haut, die Augen leicht geschlitzt, das dichte, in die Stirn fallende Haar tiefschwarz und glatt" (ebd. S. 50), was davon zeugt, dass er ein Indianer, ein Inuk ist.

Eigentlich ist Anawak promovierter Zoologe mit dem Spezialgebiet Meeressäuger und deren Intelligenzforschung (vgl. ebd. S. 451), aber er arbeitet als Tourleiter bei einer Station, die Walbeobachtungen für Touristen anbietet (vgl. ebd. S. 38). Seine wissenschaftliche Karriere verläuft weitgehend planmäßig (vgl. ebd. S. 81). Mit 27 hat er promoviert und sich dann mit einem „Buch über Intelligenz und Sozialstruktur von Meeressäugern" (ebd. S. 38) einen Namen in wissenschaftlichen Kreisen gemacht und nun wartet vermutlich eine Dozentur auf ihn. Auf dem Gebiet der Intelligenzforschung führt Anawak auch Versuche durch, wie den zum Beweis eines Ich-Bewusstseins bei Walen.

---

[6] Schätzing F., Der Schwarm, Frankfurt am Main, Fischer Taschenbuch Verlag, 2009, 19. Auflage

Anawak wohnt die meiste Zeit auf einem Boot im Hafen des Küstenorts Tofino. Sein eigentliches Appartement in Vancouver nutzt er nur selten (vgl. ebd. S. 40).

Anawak hatte eine schwere Kindheit und wuchs in einer Pflegefamilie in Kanada auf, die aber mehr eine „Zweckgemeinschaft" (ebd. S. 622) war als eine vereinte Familie. Sein leiblicher Vater stirbt im Laufe des Romans und war Anawaks Meinung nach ein „zerstörter, ständig alkoholisierter, greinender Choleriker, dem alles misslungen war" (ebd. S. 621). Seine Mutter starb anscheinend schon einige Jahre zuvor.

Wegen seinem indianischen Hintergrund trinkt er nicht, geht auf keine Parties und versucht nicht sich in den Vordergrund zu drängen (vgl. ebd. S. 82). Wird er auf seinen Hintergrund oder sein Aussehen angesprochen, reagiert er gereizt und ablehnend. Außerdem ist er Atheist, denn er glaubt nicht an irgendeine Art Gott.

2.2.2.3 Judith Li

Bedeutend ist auch Judith Li. Sie ist 48 Jahre alt, hat schwarze Haare und ist „gut trainiert" (vgl. ebd. S. 441). Ihre Trainiertheit kommt von einer gewissen Sportbesessenheit, die sich hauptsächlich im Laufen ausdrückt. So erledigt sie alles, wie Fernsehen, Berichte diktieren oder die Post von ihrem Laufband aus (vgl.S.441)[7]. Als Kind und Jugendliche genoss sie eine außerordentliche Erziehung und Ausbildung. „[Sie] bekam Stunden in Ballett und Eiskunstlauf, lernte Klavier und Cello" (ebd. S. 446). Außerdem unternahm sie mit ihrem Vater viele „Reisen nach Europa und Asien" (ebd. S. 446) auf denen sie ihr Interesse für fremde Kulturen entdeckte.

Ihr Vater stammte aus einer angesehenen amerikanischen Generalsfamilie (vgl. ebd. S. 446) und „hatte eine maßgebliche Rolle im Sicherheitsstab des Weißen Hauses gespielt" (ebd. S. 446). Ihre Mutter ist Chinesin und war erfolgreiche Cellistin an der New Yorker Oper.

Beide legten großen Wert „auf Manieren, Kleidung und die Einhaltung gesellschaftlicher Regeln" (ebd. S. 446).

Judith Li ist eine sehr kluge Frau, die vom Präsidenten der Vereinigten Staaten sehr bewundert und geschätzt wird (vgl. ebd. S. 445). In der Schule übersprang sie zwei Klassen und hatte einen hervorragenden High School Abschluss. Dann studierte sie Naturwissenschaften und später promovierte sie an der Dukes Universität in Politik und Geschichte.

---

[7] Schätzing F., Der Schwarm, Frankfurt am Main, Fischer Taschenbuch Verlag, 2009, 19. Auflage

Ihr militärischer Werdegang zeugt von großem Ehrgeiz und Willensstärke. Sie ist „eine der wenigen Frauen unter den amerikanischen Generälen" und war „die erste weibliche Absolventin" (vgl. ebd. S. 445) der Elite-Militärakademie West-Point. Sie besuchte ein Lehrprogramm für Offiziere zur See, die Generalstabsakademie des Heeres und die Kriegsakademie (vgl. ebd. S. 445).

Später belegte sie das Amt der Stellvertretenden Befehlshaberin der Alliierten Landstreitkräfte in Mitteleuropa, Mitte der Neunziger wurde sie zur Stellvertretenden Stabschefin für Operationen und Einsatzplanungen im US-Heeresministerium (vgl. ebd. S. 446) ernannt und bekam eine Dozentur für Geschichte in West-Point (vgl. ebd. S. 447). Da das Pentagon für höhere Ämter Wert auf Kampferfahrung legt, die Judith Li noch fehlten, wurde sie 1991 Deputy Chief im Kosovo-Konflikt (vgl. ebd. S. 447). Danach stieg sie langsam in den Kreis der höheren Positionen auf und wurde letztendlich in den Sicherheitsstab des Präsidenten berufen.

Ihr Ziel ist es Präsidentin der Vereinigten Staaten zu werden und schon als Leiterin des Sicherheitsstabes des Präsidenten hat die im Hintergrund die Fäden in der Hand. Sie „vermittelt dem Herrn des Weißen Hauses Kultur und Bildung" (ebd. S. 445) und versieht ihn mit Ansichten und Meinungen, die er nicht fähig ist selbst zu bilden (vgl. ebd. S. 445).

Zum Charakter ist zu sagen, dass sie extrem zielstrebig, ausdauernd und eine „kaltblütige Perfektionistin" (S.447)[8] ist. Um ihrem Ziel näher zu kommen „knüpft sie enge persönliche Beziehungen" (ebd. S. 447) zu wichtigen Pesonen im und ums Weiße Haus. Nach außen hin gibt sie nichts von diesem Ziel Preis und tritt immer „kultiviert, charmant und selbstsicher auf, stets korrekt gekleidet, aber niemals steif oder gar aufgeblasen" (ebd. S. 447). Sie versucht nicht mit aller Macht an ihr Ziel zu gelangen, sondern tut dies geduldig und unauffällig.

Außerdem war sie trotz „aller Weltläufigkeit tatsächlich der Meinung, dass es kein besseres und gerechteres Land auf der Welt gab als die Vereinigten Staaten von Amerika" (ebd. S. 447) und dieses Land versucht sie ohne Rücksicht auf etwaige Konsequenzen zu schützen, indem sie später versucht die Yrr zu vernichten.

---

[8] Schätzing F., Der Schwarm, Frankfurt am Main, Fischer Taschenbuch Verlag, 2009, 19. Auflage

2.2.3 Darstellung der von Einzellern ausgelösten Existenzkrise des Menschen

Eine Krise, die Frank Schätzing in seinem Roman "Der Schwarm" behandelt, betrifft die Frage nach der Existenz und Überlegenheit des Menschen.

Die Yrr sind eine Masse aus Einzellern, die vermutlich seit der Entwicklung erster Einzeller auf der Erde existieren. Sie haben ein kollektives Gedächtnis und vererben ihre Erinnerungen und Erfahrungen genetisch. Sie sind also für ihre Entwicklungsstufe extrem Intelligent. Sie sind durch ihre Erinnerungen und Erfahrungen fähig, in die Köpfe von Walen einzudringen und so ihr Verhalten zu beeinflussen oder auch auf Waffen und Taten von Menschen zu reagieren. Die Frage die sich jetzt stellt, ist, wie sich "das [...] mit Gottes Plan vereinbaren lässt" (vgl. ebd. S. 771).

Die Wissenschaftler vertreten bei der Diskussion die Meinung, dass es auch andere intelligente Wesen geben kann, außer den Menschen. Samantha Crowe meint, dass der Mensch "nicht das zwingende Resultat irgendeiner Höherentwicklung der Natur" (ebd. S. 770) ist und ein reiner "kosmische[r] Glücksfall ist" (ebd. S. 770). Ihrer Meinung wurde der Mensch als Säugetier "von der Evolution längst noch nicht als Erfolg verbucht" (ebd. S. 770). In Zusammenhang mit Gott ist der Mensch nicht das "Meisterstück" (ebd. S. 771), sondern nur eine Variante, die nur dann weiter existieren wird, wenn es sich dessen würdig erweist. Im Roman findet diese Diskussion einerseits zwischen Europäern und Amerikanern, und andererseits zwischen realistischen Wissenschaftlern und idealistischen Gläubigen statt, wobei das eine das andere nicht ausschließt zu sein. Der Vertreter der gläubigen Amerikaner ist extrem darauf fixiert, dass der Mensch ein Ebenbild Gottes ist und somit das Anrecht auf die Herrschaft über alle Lebewesen hat. Er will auch kein bisschen von seinem Standpunkt anrücken.

2.2.4 Darstellung der durch Einzeller ausgelösten Katastrophen in den Gewässern der Erde

2.2.4.1 Überfischung der Meere

Die erste Katastrophe ist weniger durch die Yrr ausgelöst, als vielmehr durch den Menschen selbst. Es ist die Überfischung der Meere, die als ein Auslöser für die Auflehnung der Yrr gegen den Menschen gilt.

Das Problem der Überfischung wird durch Juan Ucanan, einen einfachen Fischer aus Peru dargestellt. Wir erfahren von einem der Wissenschaftler, dass die Meere, insbesondere die Gewässer vor Peru „hoffnungslos überfischt sind" (S.458)[9]. Laut

---

[9]Schätzing F., Der Schwarm, Frankfurt am Main, Fischer Taschenbuch Verlag, 2009, 19. Auflage

Ucanan lohnt es sich für kleine Fischer wie ihn fast nicht mehr aufs Meer zu fahren (vgl. ebd. S. 11), da große Konzerne allen Fisch schon auf hoher See wegfischen und so nur noch wenige Fische an die Küsten kommen. Obwohl die Fangzahlen sinken, gilt Peru immer noch als die Fischereination schlechthin, da Fabriken gebaut wurden, die Fischmehl oder auch Fischöl herstellen (vgl. ebd. S. 11/12).

Es gibt große Fischtrawler und schwimmende Fabriken, die den Fisch gleich auf dem Meer weiterverarbeiten (vgl. ebd. S. 12). Sie nehmen den Einheimischen die Lebensgrundlage und zwingen sie so auf den Trawlern und den Fabriken zu arbeiten. Ein weiterer Aspekt sind die Trawler asiatischer Konzerne. Diese warten meist schon gierig an der 200-seemeilen-Zone darauf, dass die großen Schwärme in ihre Gewässer ziehen, um die Fische gleich dort fangen zu können (vgl. ebd. S. 12).

Vor den Angriffen werden noch weniger Fische gefangen als gewöhnlich, was daran liegt, dass die Yrr die Schwärme zusammenrotten, um sie für die Angriffe auf die Menschen zu manipulieren. Und Juan Ucanan ist offiziell der erste, der den Angriffen der Yrr zum Opfer fällt.

2.2.4.2 Stopp des Golfstroms

Der Stopp des Golfstroms – ein weiteres Schreckensszenario, dass Frank Schätzing beschreibt. Das Innehalten der Golfstromrotation stellt wieder eine Folge des schlampigen Umgangs des Menschen mit den Meeren dar. Der erste, der feststellt, dass der Golfstrom nicht mehr rotiert ist Professor Lukas Bauer, der auf dem Forschungsschiff Juno, die Kaltwasserschlote in der Grönländischen See untersuchen will. Durch ihn bekommt der Leser auch wissenschaftliches Wissen, da er Karen Weaver, die ihn begleitet erklären muss, wie der Golfstrom aufgebaut ist und funktioniert. Der Leser lernt etwas über den Zusammenhang von Salzgehalt, Temperatur und Gewicht des Wassers und wie so eine Rotation gewaltiger Wassermassen entstehen kann (vgl.S.283)[10].

Bauer ahnte schon vor seiner Reise, dass irgend etwas mit dem Strom nicht stimmt, auf Grund der allgemeinen Erderwärmung. Als er jedoch noch auf dem Schiff beginnt, seine Messergebnisse auszuwerten, stellt er fest, dass die Schlote, die er gesucht hat nicht mehr vorhanden sind, obwohl es diese in Massen geben sollte. Seine Ergebnisse lassen ihn vermuten, dass „die große Pumpe ihren Betrieb eingestellt oder in unbekannte Regionen verlegt [habe]" (ebd. S. 284).

---

[10]Schätzing F., Der Schwarm, Frankfurt am Main, Fischer Taschenbuch Verlag, 2009, 19. Auflage

Später, im Château Disaster verfolgt die Journalistin Karen Weaver die Untersuchungen Bauers weiter. Da sie Zugang zu sonst nicht öffentlichen Satellitendaten hat, kann sie die Theorie, dass „der Golfstrom aufgehört [hat] zu fließen" (ebd. S. 559) bestätigen. Hier bekommt man erneut wissenschaftliche Informationen, zur Wölbung des Wassers. Mit Hilfe von Satellitenbildern entdeckt Karen Weaver einerseits, dass die Wölbung des Golfstroms nicht mehr da ist und andererseits, dass auch die Temperatur schon zurückgeht (vgl. ebd. S. 559).

Ihre Entdeckungen und Sorgen über die Folgen teilt sie Sigur Johanson mit den Worten „Wir sehen einer neuen Eiszeit entgegen. Der Golfstrom hat aufgehört zu fließen. Etwas hat ihn gestoppt" (ebd. S. 559), mit.

2.2.4.3 Tsunamis

Eine weitere Katastrophe ist der Tsunami. Im Roman ist er jedoch nur eine Folge Umweltverschmutzung der Menschen. Die Gefahr stellt sich wie folgt dar:

Borstenwürmer, die von den Yrr manipuliert wurden tragen Bakterien, die Methan fressen ins Methanhydrat. Diese Bakterien fressen sich immer weiter ins Hydrat, wodurch das Hydrat instabil wird. Dies führt dazu, dass der Nordeuropäische Kontinentalhang abrutscht. Grund dafür ist die Destabilisierung der Hydrate, da diese „wie Mörtel in den Hängen fungiert hatte[n]" (ebd. S. 396).

Der gesamte Prozess des Abrutschens beschreibt Frank Schätzing zwar wissenschaftlich, aber er übermittelt dieses Wissen durch die Figuren, die von den Folgen der Rutschung betroffen sind. Durch den auktorialen Erzähler erfährt der Leser vom Storegga-Effekt und anderen erdhistorischen Fakten. Jean-Jaques Alban, der sich mit einem Forschungsschiff am Kontinentalhang aufhält gibt Aufschluss darüber, dass es bei einem Seebeben bzw. in diesem Fall einer unterseeischen Rutschung am besten ist, auf der offenen See zu bleiben, da hier die Wellen des Tsunamis noch zu niedrig sind. Die Hinführung zum Auslöser des Tsunamis wird sehr detailliert beschrieben und gipfelt in den prägnanten Sätzen: „Dann brach die Schelfkante ab" (S.400)[11] und „Dann rutschte der nördliche Kontinentalhang ab" (ebd. S. 434). Es wird nicht mehr drum herum geredet, sondern ganz kurz der Gipfel der Katastrophe genannt. Nun kommen nur noch die Folgen, zu denen auch der Tsunami gehört. Dieser wird nun von mehreren Personen beschrieben. Zum einen Tina Lund, die bei der Welle stirbt. Als sie in dem Küstenstädtchen in der ihr Freund wohnt ankommt, hat sie das Gefühl, dass der Strand anders aussieht als sonst, irgendwie breiter (vgl. ebd. S. 401), aber sie hält das für eine optische Täuschung und kümmert sich nicht weiter darum. Dies ist jedoch schon das erste Anzeichen für einen Tsunami, da sich ein Sog bildet, der das Wasser von den Küsten mit sich zieht. Der Erzähler tritt wieder auf und beschreibt nun, wie ein Tsunami abläuft. Dann folgt Lars Jörensen, der auf der Ölbohrplattform *Gullfaks C* arbeitet. Er bemerkt, dass die Plattform bebt (vgl. ebd. S. 404) und durch ihn erfährt man, dass ein Seebeben und der darauf folgende Tsunami das Schlimmste ist, was auf eine Plattform zukommen kann.

Zwischendurch warnen die Forscher aus Kiel die Katastrophenschutzbehörden der Staaten, die an die Ostsee angrenzen. Auch Sigur Johanson und die Journalistin Karen Weaver entkommen dem Tsunami nur knapp. Sie sind dabei, als er das erste Mal auf Land auftrifft, nämlich auf die Shetland Islands. Auch er bemerkt, dass sich das Meer zurückgezogen hat, aber er deutet es richtig und sie können im Helikopter fliehen. Letztendlich wird dann das Auftreffen des Tsunamis auf den Schelf und dann auf das Festland beschrieben. Auch dies geschieht detailliert um die Ausmaße hervor zu heben. Als Synonym für andere Schicksale wird das der Familie Olsen beschrieben. Wie die Welle ihr Haus trifft und sich kurz darauf wieder zurückzieht und dabei die Hälfte des Hauses mit sich reißt und beinahe Kurt Olsen tötet.

Außerdem wird das Szenario beschreiben, was passieren würde, sollten La Palma eines Tages ins Meer stürzen. Es gäbe eine knapp 600 Meter hohe Flutwelle, die mit tausend Stundenkilometern auf die Küsten treffen würde.

2.2.5 Informationen zum Autor Frank Schätzing

2.2.5.1 Biografisches

Frank Schätzing wurde am 28. Mai 1957 in Köln geboren. Mit bestandenem Abitur in der Tasche studierte er Kommunikationswissenschaften. In den 1980er Jahren war er an der Gründung von gleich zwei Firmen beteiligt. Zuerst gründete er die Werbeagentur Intevi mit und dann noch die Musikproduktionsfirma Sounds Fiction.

Seine Karriere als Schriftsteller begann er erst in den 1990er Jahren und seinen ersten Roman „Tod und Teufel" veröffentlichte er 1995. Darauf folgte 1996 „Mordshunger"

---

[11] Schätzing F., Der Schwarm, Frankfurt am Main, Fischer Taschenbuch Verlag, 2009, 19. Auflage

und 1997 der Roman „Dunkle Seite" und der Erzählband „Keine Angst". Im Jahr 2000 kam sein erster Bestseller in die Buchläden, „Lautlos".

2002 erhielt er den KölnLiteraturpreis. Zwei Jahre später erschien „Der Schwarm", sein bislang erfolgreichster Roman, für den er 2005 den Medienpreis Goldene Feder und den Deutschen Krimi Preis erhielt. 2006 veröffentlichte er „Die tollkühnen Abenteuer der Ducks auf hoher See" und „Nachrichten aus einem unbekannten Universum" in dem er die Rechercheergebnisse von „Der Schwarm" noch einmal als Sachbuch verarbeitet.

Zurzeit lebt er mit seiner Frau Sabina in Köln.

In seiner Freizeit beschäftigt Frank Schätzing sich gerne mit dem Meer oder geht Tauchen. Außerdem interessiert er sich sehr für die Geschichte der Stadt Köln und für die internationale Politik[12]

2.2.5.2 Haltung des Autors zum Thema Umwelt

Von sich selbst sagt Frank Schätzing, dass „die Idee zum thematische[n] Aufbau seiner Bücher oft persönlichen Interessensgebieten"[13] entspringt. So gehören zu seinen Interessen das Meer, das Tauchen, seine Heimat Köln und die internationale Politik.

Auf Grund seines großen Interesses für das Meer versucht er aktiv etwas für den Schutz des Meeres zu tun. Als Beirat in der Initiative Deepwave e.V., die sich dem Schutz der Hoch- und Tiefsee verschrieben hat kann er genau das tun[14].

Dort unterstützt er das Projekt Mangreen als Schirmherr. Das Projekt forstet in Indien die bedrohten Mangrovenwälder wieder auf, da diese auch bei Tsunamis eine gewisse Schutzfunktion besitzen[15].

Des Weiteren hat er auch die Schirmherrschaft für das Bürgerforum *Zukunft statt Braunkohle* des Bund Naturschutz übernommen. Das Forum setzt sich dafür ein, statt Braunkohle umweltfreundlicher Energieträger zu finden[16].

Frank Schätzing unterstützt auch die Initiative Pro Recycling, die für die Verwendung von wiederverwertetem Papier wirbt[17].

---

[12] http://de.wikipedia.org/wiki/Frank_Sch%C3%A4tzing
[13] http://de.wikipedia.org/wiki/Frank_Sch%C3%A4tzing
[14] http://www.deepwave.org/index.php?option=com_content&view=section&id=4&Itemid=261&lang=de
[15] http://www.mangreen.org/
[16] http://www.eurosolar.de/de/index.php?option=com_content&task=view&id=261&Itemid=56
[17] http://papiernetz.de/docs/IPR_Beilage_web.pdf

2.3 Vergleich der beiden Romane

2.3.1 Zeit und Ort des Geschehens

"Der Schwarm" von Frank Schätzing spielt irgendwann im 21. Jahrhundert. Darauf lassen die Technologien schließen, die nicht weniger, aber auch nicht weiter entwickelt sind als heute. Außerdem sind reale historische Ereignisse genannt, die sich im 21. Jahrhundert ereignet haben und anscheinend noch nicht besonders lange zurückliegen. So werden die Terroranschläge auf das World Trade Center in New York erwähnt.

Eine Vermutung ist, dass die Handlung des Romans zu der Zeit angesiedelt ist, in der er auch geschrieben wurde, nämlich um das Jahr 2004 herum.

Die Hauptschauplätze sind Norwegen, Deutschland und Frankreich, also Europa und Vancouver steht für Kanada, bzw. sogar Amerika.

Der Haupthandlungsstrang bei "Ein Freund der Erde" von T.C. Boyle ist auch im 21. Jahrhundert angesiedelt, allerdings in der näheren Zukunft, in den Jahren 2025 und 2026. Der zweite Handlungsstrang spielt sich in den Jahren 1989 bis 1997 ab.

Die Haupthandlung spielt sich hauptsächlich in Santa Ynez in Santa Barbara County und am Ende noch in der Sierra Nevada ab. Die Hintergrundhandlung, die von Ty Tierwater erzählt wird, spielt an verschiedenen Orten, an denen Ty Tierwater, seine Freunde und Familie an Protestaktionen teilgenommen haben, wie Siskiyou Forest, Los Angeles, Titusville, die Sierra Nevada, Lompoc und Scotia.

2.3.2 Struktur des Romans

2.3.2.1 Rückschau

T. C. Boyle verwendet häufig Rückschauen. Er wechselt dabei zwischen der aktuellen Zeit, die vom November 2025 bis Juli 2026 dauert und in der seine Exfrau wieder in sein Leben tritt und den vergangenen Jahren 1989 bis 1997 als seine Tochter bei einer Protestaktion stirbt.

Rückschauen sind oft wichtig, um Zusammenhänge zu verstehen und zu verknüpfen. Es hilft dem Leser auch die Gefühle des Protagonisten besser zu verstehen und so sein Handeln. Der Leser fühlt sich so dem Protagonisten verbundener.

Durch die Rückschauen in "Ein Freund der Erde" bekommt der Leser einen Einblick in das Leben von Ty Tierwater und wie die Ereignisse ihn und sein Verhalten geprägt haben. Die Leser lernen verstehen, warum Ty Tierwater es so ungern sieht, dass ein

Buch über seine tote Tochter geschrieben wird, das sie als Märtyrerin darstellt und warum er dem Umweltaktivismus jetzt kritischer gegenübersteht.

2.3.2.2 Ortswechsel

So wie Boyle Rückschauen verwendet, benutzt Schätzing Ortswechsel in großen Mengen.

Er verknüpft so die dramatischen Ereignisse auf der ganzen Welt miteinander. Sein Roman beginnt in Peru, dann folgen die wichtigsten Schauplätze, Norwegen und Kanada. An beiden Schauplätzen treten ungewöhnliche Erscheinungen auf, jedoch völlig unabhängig voneinander. Nach der großen Katastrophe gibt es vorerst nur einen Hauptschauplatz, nämlich den Flugzeugträger der USA. Allerdings bedient sich Schätzing auch hier des häufigen Ortswechsels. Nun wird nicht mehr so häufig zwischen den Ländern und Städten gewechselt, als vielmehr zwischen den einzelnen Räumen auf dem Schiff.

Der Leser kann so die Geschehnisse aus mehreren Blickwinkeln betrachten, aus der, der einzelnen Wissenschaftler oder auch aus dem der amerikanischen Militärs.

2.3.3 Sprache

2.3.3.1 Sprachliche Mittel bei T.C.Boyle

T. C. Boyle sagte einmal: "Comedy is my mode of dealing with tragedy and despair", „Komik ist meine Art mit Tragik und Verzweiflung umzugehen"[18].

Dies setzt er auch in seinem Roman „Ein Freund der Erde" um. Die gegenwärtige Handlung erzählt Ty Tierwater in der Ich-Form: „Ich bin draußen" (S.244)[19], „[...]dann weiß ich auch nicht" (ebd. S. 281), „Ich sehe aus dem Fenster" (ebd. S. 333). Im Gegensatz dazu wird die Handlung der Vergangenheit, von der wir nur durch die Gedanken von Ty Tierwater erfahren, von einem auktorialen Erzähler in der dritten Person erzählt: „Mehr als es Tierwater vorstellbar gewesen war, als er [...]" (ebd. S. 72), „Was er sich wünschte, [...]" (ebd. S. 113), „Tierwater stellte sich einen Desperado vor, [...]" (ebd. S. 261).

Die Sprache die Boyle benutzt ist meist gewöhnliche Alltagssprache: „Na schön. Machen wir es kurz." (ebd. S. 17), „Zum erstenmal in seinem Leben hatte er [...] ein

---

[18] http://de.wikipedia.org/wiki/T._C._Boyle
[19] Boyle, T. C., Ein Freund der Erde, München, Deutscher Taschenbuch Verlag, 2009, 6.Auflage

richtiges Hinterteil" (ebd. S. 261/262), „Aber diesmal wirklich. Hundert Prozent" (ebd. S. 308).

Bisweilen verwendet er sogar Umgangssprache: „Teenager, die darauf abfahren, dass die Welt zu Scheiße wird" (ebd. S. 17), „[...]saßen sie einander [...] gegenüber, sein Ständer pulsierte beharrlich [...]" (ebd. S. 267/268), „wenn wir hier nicht ständig diesen beschissenen El Nino hätten" (ebd. S. 289).

Ein zahlreich vorkommendes rhetorisches Mittel, das Boyle verwendet ist die Metapher. Mit den Metaphern verdeutlicht er die katastrophalen klimatischen Gegebenheiten und manchmal auch die Ironie, mit der er seinen Roman versehen hat: „die Klauen der kaputten Bäume" (S.59)[20], „die Palisadenwand der Stämme" (ebd. S. 49), „auf diesem zerlumpten, blutigen Planeten" (ebd. S. 63), „ein zuckender Wassermuskel über tiefen braunen Bodenrippen" (ebd. S. 141), „während die funkelnagelneue D7-Raupe hinter ihnen Feuer spie wie ein Drache" (ebd. S. 95), „im grauen Schleier der Dämmerung" (ebd. S. 94).

Ein weiteres Mittel ist der Vergleich. Oft vergleicht er Technische und moderne Dinge mit Tieren oder Dingen aus der Natur um die Zerstörung der Natur zu zeigen. Außerdem auch die Gefangenschaft der Menschen in dieser zerstörten Natur: „der Himmel ist wie ein umgedrehtes Goldfischglas" (ebd. S. 56), „die Augen kriechen in ihren Gesichtern herum wie Nacktschnecken" (ebd. S. 47), „[...], dass die Milchstraße aussieht wie eine weiße Plastiktüte, aufgehängt im Dach des Himmels" (ebd. S. 33).

An einigen Stellen gibt es ganze Sätze bei denen die Ironie oder der Sarkasmus offen zu Tage treten und nicht in Phrasen versteckt sind. Mit diesen Sätzen bringt Boyle einen Humor in seinen Roman, der die Situation der Erde und der Personen nicht mehr so schlimm Aussehen lässt. „Um der alten Zeiten willen" (ebd. S. 17), aber die alten Zeiten von Ty Tierwater waren nicht so gut, dass man um ihretwillen irgend etwas tun muss. Eine weitere Stelle ist: „Aber das ist eben das Aufregende am Leben auf diesem morschen Planeten: man weiß nie, welcher der letzte Schnupfen ist." (ebd. S. 96). Ty Tierwater nimmt die neue Grippe mit Humor, was angesichts ihrer Gefährlichkeit etwas makaber wirkt.

Boyle verwendet auch Klimaxe, mit denen er die Bedingungen und Widrigkeiten mit denen die Umweltaktivisten zu kämpfen haben verdeutlicht: „Aber das reicht. Das

---

[20] Boyle T.C., Ein Freund der Erde, München, Deutscher Taschenbuch Verlag, 2009, 6.Auflage

reicht jetzt wirklich" (ebd. S. 53), „Es ist heiß. Sehr heiß. Außergewöhnlich heiß" (ebd. S. 51).

2.3.3.2 Sprachliche Mittel und deren Funktion bei Frank Schätzing

Die Geschichte wird von einem auktorialen Erzähler in der dritten Person erzählt: „Er sah Seeleute und Personen in Zivilkleidung" (S.109)[21], „Li betrachtete ihn mit eingefrorenem Lächeln" (ebd. S. 453), „Karen Weaver war ein neuer Mensch geworden" (ebd. S. 597), „Sie packte den Fuß des Toten fester [...]" (ebd. S. 922).

Die Sprache ist einerseits wie bei Boyle teilweise Alltagssprache: „Darauf können sie Gift nehmen" (ebd. S. 463), „Schnee von gestern" (ebd. S. 338), „War mir schon klar" (ebd. S. 92), „Scheißviecher" (ebd. S. 183), „Kurz bevor sie mich raus fischten" (ebd. S. 696). Damit zeigt Schätzing, dass die Wissenschaftler auch nur gewöhnliche Menschen sind. Andererseits hat sie auch viele wissenschaftliche Züge, da es sich bei fast allen Personen um Wissenschaftler oder andere studierte Menschen handelt. Und deshalb werden auch reichlich Fachbegriffe aus den Naturwissenschaften verwendet: „Das Gewebe kontraktiert" (S.690)[22], „Biolumineszenz" (ebd. S. 695), „Lateralorgane" (ebd. S. 697), „Hypervariable Bereiche" (ebd. S. 741), „Lucys Metabolismus" (ebd. S. 313).

Des Weiteren verwendet Schätzing oft religiöse Anspielungen, die mit Gott zu tun haben: „Am fünften Tag hatte Gott der Bibel zufolge das Meer und seine Bewohner erschaffen" (ebd. S. 335), „Im zweiten Buch Mose [...]" (ebd. S. 234), „Klingst nach christlicher Dokrtin. Linke Wange, rechte Wange" (ebd. S. 639), „[...] Gottes eigenes Land [...]" (ebd. S. 482), „Gott hat die Geduld verloren" (ebd. S. 482), „Es klang, als predige er das Evangelium" (ebd. S. 479). Damit spielt er einerseits auf die amerikanische Frömmigkeit an, andererseits auf die Tatsache, dass die Schöpfung Gottes in ein Tief fällt, da sie Menschen vor dem Problem stehen, nicht die einzige göttliche Rasse zu sein.

Schätzing benutzt auch Antithesen, mit denen er die gegensätzlichen Schicksale anspricht: „doch über dem Lärm lag eine bleierne Stille" (ebd. S. 434), „Die Zeit [...] läuft ab [...]. Der Beginn von etwas" (ebd. S. 319), „Okay, lass dir Zeit, aber mach schnell" (ebd. S. 92).

---

[21] Schätzing F., Der Schwarm, Frankfurt am Main, Fischer Taschenbuch Verlag, 2009, 19. Auflage
[22] Schätzing F., Der Schwarm, Frankfurt am Main, Fischer Taschenbuch Verlag, 2009, 19. Auflage

Ein weiteres Rhetorisches Mittel, das Schätzing einsetzt ist die Repetitio. Damit betont er bestimmte Sachverhalte, um die Ausmaße der Katastrophe oder auch deren Bedeutung zu verdeutlichen: „Es war so friedlich gewesen am See. Ees war friedlich in der Kirkegata. Wenn es zu friedlich wurde [...]" (ebd. S. 201), „Als hätte sie jemand dort hingezaubert. Als hätte sie jemand dort hingezaubert." (ebd. S. 205), „Und Bauer sorgte sich sehr. [...] Und es bereitete ihm wirklich große Sorgen" (ebd. S. 283/284).

Wie Boyle verwendet auch Schätzing Metaphern. Sie dienen zum Auflockern der teils wissenschaftlichen Sprache und zur Verdeutlichung der Schreckensszenarien: „eine senkrechte Wand aus tosendem, schwarzgrünem Wasser" (ebd. S. 415), „eine der Lungen der Weltmeere" (ebd. S. 249), „die zerklüftete, bewegte Mondlandschaft der Grönländischen See" (ebd. S. 882).

2.3.4 Aussageabsicht

Vergleicht man die Aussagen der beiden Autoren und ihrer Bücher stellt man fest, dass diese im Kern dieselbe ist. Beide Autoren kritisieren den Umgang des Menschen mit der Erde, ihren Ressourcen und Bewohnern. Beide haben unterschiedliche Schwerpunkte, jedoch kann man vom nicht genannten Lebensraum jeweils auf den anderen schließen. Boyle nennt als die Erde, indirekt meint er aber natürlich auch die Meere.

2.3.4.1 T. C. Boyle

T. C. Boyle beschäftigt sich in seinem Roman viel mehr mit der Erde und dem Leben auf dem Festland an sich. Er erzählt vom Treibhauseffekt und davon, wie dieser sich auf das Leben auf der Erde auswirkt. Das Klima hat sich fast vollkommen geändert und die Lebensräume haben sich daher deutlich verschoben. In ehemals trockenen Gebieten gibt verhält sich das Klima wie in ehemaligen tropischen Breitengraden und Gebiete, die früher einmal gemäßigt waren sind jetzt trocken. Im Grunde kann man hier eine Parallele zu „Der Schwarm" ziehen, wenn man sagt, die Natur lehnt sich gegen den Menschen auf. Außerdem behandelt er die Abholzung riesiger Wälder und der tropischen Regenwälder der Erde. Letztendlich gibt es nur noch einen Bruchteil der ehemaligen Wälder. Dies führt dazu, dass es keine gedruckten Bücher mehr gibt, weil Papier schier unbezahlbar ist und Zeitungen werden nur noch in dünnen Sonderausgaben alle zwei Wochen gedruckt. Durch die Veränderung der Flora ist die Fauna auch so gut wie ausgestorben. Tiere wie Katzen oder Hunde findet man eher noch. Bei Nutztieren wie Rindern, Schweinen oder Hühnern sieht es schon ziemlich schlecht aus und Wildtiere wie Löwen findet man in der Regel gar nicht mehr. Von ihnen gibt es nur noch die Exemplare, die in Zoos leben oder geklont wurden.

Die Szenerie, die Boyle darstellt ist weniger abwegig als die von Frank Schätzing. Boyle möchte den Menschen nahe legen, sich mehr um die Natur zu kümmern, da wir sonst vielleicht tatsächlich auf eben diese Welt zusteuern.

2.3.4.2 Frank Schätzing

Frank Schätzing bezieht sich in seinem Roman ausschließlich auf die Gewässer der Erde. Er kritisiert im Allgemeinen dem Umgang der Menschen mit dem Meer und seinen Bewohnern.

Die Yrr kann man als Synonym für alle Meeresbewohner ansehen. Sie lehnen sich gegen den Menschen auf, um ihr eigenens Überleben zu sichern.

Ein Problem, das Schätzing nennt ist die Überfischung der Meere. In vielen Bereichen der Erde gehen die Fischbestände regelmäßig zurück, aber die Konzerne fischen trotzdem ohne Pause oder Restriktionen weiter.

Des Weiteren mahnt er die Ölfirmen an. Sie erschließen immer neue Ölfelder, auch in immer tiefer gelegenen Gebieten. Was sie jedoch nicht bedenken ist, wie die Stahlgerüste der Plattformen irgendwann entsorgt werden könne, wenn es kein Öl mehr gibt, das man förden kann. Außerdem berücksichtigen sie auch nicht die Probleme, die auftreten können, wenn in der Tiefsee mal etwas an den Plattformen kaputt geht.

Ein weiterer Grund für das Aufbegehren des Meeres gegen den Menschen ist Erlangung der Herrschaft des Menschen über das Meer. Die Menschen nehmen keine Rücksicht auf die Meeresbewohner, die dort eigentlich schon viel länger leben als der Mensch. Ein gutes Beispiel sind Delphine und Sonar. Die U-Boote und Schiffe mit denen die Meere durchfahren werden benutzen alle Sonar. Dieses Sonar kann den Orientierungssinn von Delphinen und Walen stören und so dazu beitragen, dass diese stranden und dann verenden. Aber das interessiert die Menschen, die dafür verantwortlich sind gar nicht. Ihnen geht es nur um Geld und militärische Manöver, die vor Terroristen oder anderen Gefahren schützen sollen. Schätzings Botschaft an die Menschen ist also, dass wir uns Meer um den Schutz des Meeres und seiner Bewohner kümmern sollen, auch deswegen, weil weite Teile weniger erforscht sind als das Universum. Das Geld, dass für irgendwelche Missionen ins All verwendet wird könnte genauso gut in die Erforschung und den Schutz der Meere investiert werden.

2.4 Rezensionen

2.4.1 durch Literaturkritiker

2.4.1.1 „Ein Freund der Erde"

Die Rezension „Naturfreund, Volksfeind" von Heinrich Detering, die am 19. Mai 2001 in der Frankfurter Allgemeinen Zeitung erschien bezeichnet Boyles Roman als „wilde Erzählung, [die] ein kalkulierter Horrortrip [ist]"[23]. Im Allgemeinen bekommt die Geschichte bei diesem Rezensent eine gute Rückmeldung. Seiner Meinung nach „besteht an krassem Realismus sowenig Mangel wie an grotesken Szenerien" (ebd.), das Buch ist also abwechslungsreich. Außerdem empfindet er es als „bemerkenswerte Leistung" (ebd.), dass bis zum Schluss nicht geklärt wird, was Ty Tierwater denn nun „eine Ehe, eine Tochter, ein Spießerleben im Vergleich zum Schicksal der Erde" (ebd.) wert ist. Außerdem vergleicht er den Roman mit einem Drama von Henrik Ibsen. Der teilweise übertriebene Gebrauch von Metaphern ergibt eine Parodie auf einen sonst eher harten Romanstil.

Im Juni 2001 erschien auf „literaturkritik.de" die Rezension „Kein Freund der Erde" von Lutz Hagestedt. Er will der „Qualität des Romans"[24] keinen Abbruch tun, doch ist er der bestimmten Erzählmasche von Boyle inzwischen etwas überdrüssig. Diese Erzählmasche verdeutlicht sich in „bis zum Abwinken grellen Bildern und Vergleichen" (ebd.). Lutz Hagestedt lobt den Umstand, dass Boyle auf „einen Kunstgriff seines Romans ,World's End' " zurückgreift. Dieser besteht darin, zwischen verschiedenen Jahren zu wechseln und so dem Leser zu zeigen, wie sinnlos der Kampf gegen die Zerstörung der Natur war.

2.4.1.2 „Der Schwarm"

Eine recht positive Rezension veröffentlichte ein Rezensent am 27. März 2004 in der Frankfurter Allgemeinen Zeitung. Sie trägt den Titel „Ein Erdbeben ist immer nur der Anfang"[25]. Damit spielt er auf die Tatsache an, dass sich der Roman wie ein Hollywood-Drehbuch liest, die meist nach einem einfachen Schema aufgebaut werden, nämlich „mit einem Erdbeben zu beginnen und sich dann langsam zu steigern" (ebd.).

---

[23]http://www.faz.net/s/Rub79A33397BE834406A5D2BFA87FD13913/Doc~E15893F5885744778B90E0 565B4297F57~ATpl~Ecommon~Scontent.html
[24] http://www.literaturkritik.de/public/rezension.php?rez_id=3711&ausgabe=200106

Er kritisiert zwar, dass die Figuren teils zu klischeehaft geraten sind, jedoch wird das Gleichgewicht zwischen Handlung und Figuren gehalten (vgl. ebd.). Für den Rezensenten hat Schätzing mit seinem Roman die Chance, die Grenze zwischen Wirklich- und Möglichkeit zu verwischen, was der Naturwissenschaft selbst nicht möglich ist (vgl. ebd.). Nur am Ende des Romans gibt es noch einmal einen Kritikpunkt, nämlich, dass Schätzing unbedingt noch Tiefe in seinen Roman bringen will und somit mit der vorher recht sachlichen Erzählweise bricht und zu einem „merkwürdige[n] kosmische[n] Pathos" (ebd.) wechselt. Als Fazit äußert der Rezensent, dass Frank Schätzing zu „einer Art Roland Emmerich der deutschen Literatur geworden" (ebd.) ist.

Eine zweite Rezension von Robin Detje, die in der Süddeutschen Zeitung erschienen ist, ist eher negativ angehaucht mit einem spöttischen Unterton. Schon der Titel „Die Rache des Killerschleims"[26] lässt ahnen, dass der Roman nicht so gut wegkommen wird. Zu Beginn jedoch lobt Detje noch, dass Schätzing es geschafft hat, „den deutschen Spannungsroman auf internationales Niveau" (ebd.) zu heben. Seiner Meinung nach dauert es beim Lesen zu lange, bis man endlich zu einem Spannungshöhepunkt komme (vgl. ebd.) und die Botschaft des Romans hält er für abgearbeitet (vgl. ebd.).

Außerdem spricht er indirekt an, dass das Konzept nur auf eine Hollywood-Verfilmung ausgelegt ist, um mehr Profit daraus schlagen zu können (vgl. ebd.).

Im Allgemeinen bezeichnet er „Der Schwarm" als „ein[en] Fall von Edelschrott, den man nicht verachten soll, ein Qualitätsprodukt der Kulturindustrie" (ebd.). Am Ende seiner Rezension macht auch er sich über die Klischees des Buches lustig, indem er sich die Geschichte für einen neuen Roman ausdenkt

---

[25]http://www.faz.net/s/Rub79A33397BE834406A5D2BFA87FD13913/Doc~ECB6E4A57195B4B2AA12
741A64440F26B~ATpl~Ecommon~Scontent.html
[26] http://www.buecher.de/shop/buecher/der-schwarm/schaetzing-
frank/products_products/detail/prod_id/25576377/

2.4.2 durch andere Leser in Internetforen

2.4.2.1 *„Ein Freund der Erde"*

Die einzigen verwendbaren Lesermeinungen zu diesem Roman habe ich auf „amazon.de" entdeckt. Die Leser dort waren sich mehr oder weniger einig: das Buch ist gut, aber T.C.Boyle hat auch schon bessere geschrieben. So schreibt Reinhard R.: „Ich bin von dem neuen Roman von T.C.Boyle ein wenig enttäuscht"[27]. Boyle bleibt zwar seinem Stil treu, „aber leider ist die Erzählung langweilig" (ebd.) und konnte den Leser ihn nicht fesseln (vgl. ebd.).

Ein anderer Nutzer von Amazon schrieb: „Eine Story, die nicht viel hermacht"[28]. Normalerweise brauche sie das bei Boyle auch gar nicht, aber diesmal ist es ihm mit seinem Stil nicht gelungen, „aus wenig viel zu machen" (ebd.) und gibt deshalb nur wieder, wie ein 75-jähriger 2025 lebt (vgl. ebd.).

Wieder ein anderer ist der Meinung, dass die Geschichte „etwas platt ist" (ebd.) und dieses Buch zu den schwächeren Werken von Boyle gehört (vgl. ebd.).

2.4.2.2 *„Der Schwarm"*

Auch bei „Der Schwarm" habe ich die Leserrezensionen von „amazon.de" und an „Der Schwarm" scheiden sich die Geister. Der Benutzer „Ein Kunde" betitelt seine Rezension mit „Teils große Klasse, teils banal"[29]. Die erste Hälfte des Romans findet er sehr gut, aber in der zweiten Hälfte gibt es zu viel „Effektheischerei" (vgl. ebd.)

Für Rudolf B. „übertraf [das Buch] alle Erwartungen" (ebd.) und er empfand es als so spannend, dass es schwer war aufzuhören zu lesen (vgl. ebd.).

M. Lueb vertritt eine ähnliche Meinung wie „Ein Kunde". Da mir das Geschlecht nicht bekannt ist, schreibe ich im folgenden nur noch die männliche Form. Der Rezensent ist sich nicht mehr sicher, aus welchem Grund er das Buch gelesen hat (vgl. ebd.). Auch er

---

[27] http://www.amazon.de/review/R1HD98ZLFT67U9/ref=cm_cr_pr_viewpnt#R1HD98ZLFT67U9
[28] http://www.amazon.de/product-reviews/3423130539/ref=cm_cr_dp_all_helpful?ie=UTF8&showViewpoints=1&sortBy=bySubmissionDateDescending
[29] http://www.amazon.de/review/R2NBGCHUHIX0DI/ref=cm_cr_pr_viewpnt#R2NBGCHUHIX0DI

findet den die erste Hälfte des Buches „ansprechend", im zweiten Teil lasse die Geschichte jedoch nach und Schätzing bediene sich Hollywood-Klischees.

3. Schluss

3.1 Persönliche Stellungnahme zu beiden Romanen

Mir persönlich haben beide Romane sehr gut gefallen.

Bei T.C.Boyles Roman „Ein Freund der Erde" hat man einen Einblick in eine Zukunft bekommen, die so wie sie ist wahrscheinlich sein kann. Außerdem hat man beim Lesen nicht das Gefühl, dass alles so schrecklich ist, da Boyle alles immer mit einer gewissen Komik versieht. So kann man sich auch eher vorstellen, dass alles nicht so kommen muss, sondern wir noch die Chance haben es zu verhindern. Und es sensibilisiert für den bewussteren Umgang mit Ressourcen wie Holz.

„Der Schwarm" von Frank Schätzing dagegen ist viel unwahrscheinlicher. Man glaubt einfach nicht, dass es so etwas wie eine intelligente Macht in unseren Ozeanen gibt. Allerdings sind die Yrr eine gute Abstraktion für die Bewohner der Meere. Man kann diesen Roman auch nicht als „Zukunftsvision" sehen, wie „Ein Freund der Erde", er gehört eben einfach zur Unterhaltungsliteratur. Dafür aber zur wirklich guten. Es hat unglaublichen Spaß gemacht ihn zu lesen. Die Handlung ist gut und vor allen Dingen auch spannend, so genau weiß man nämlich nie, was als nächstes kommt. Und auch die Passagen in denen wissenschaftliche Fakten erklärt werden sind nicht langweilig, sondern extrem interessant. Und besonders diese wissenschaftlichen Fakten regen an, sich weiter mit den im Buch erläuterten Fakten zu beschäftigen. So habe ich selbst angefangen im Internet nach Versuchen mit Delphinen oder auch nach dem Storegga-Effekt zu suchen, um mehr darüber zu erfahren.

3.2 Auswirkungen der heutigen Klimasituation auf die Literatur

3.2.1 Häufigeres Thema in der Literatur?

Meiner Meinung nach wird der Klimawandel ganz sicher immer öfter in der Literatur auftauchen, da die Situation immer prekärer werden wird.

Man muss nur einmal die Beschlüsse betrachten die in den letzten Wochen auf dem 16. Weltklimagipfel in Cancún gefasst wurden.

Cancún soll zwar die Wende bringen, da beschlossen wurde das Kyoto-Protokoll zu verlängern und ein zweites Protokoll zu entwerfen, dass auch die Staaten einbinden soll, die sich noch nicht am Kyoto-Protokoll beteiligen[30].

---

[30] http://blog.greenpeace.de/blog/2010/12/15/rueckblick-auf-die-ergebnisse-des-klimagipfels-in-cancun/

Auch die Urwälder sollen geschützt werden, aber dafür fehlt das Geld um dieses Vorhaben auf lange Zeit zu finanzieren (vgl. ebd.). Und die CO-2 Emissionen müssen so weit heruntergefahren werden, dass die Erde sich nicht mehr als 1,5 Grad Celsius erwärmt, da auch dies schon extrem gefährlich für die Menschen werden kann[31].

Leider ist es so, dass Staaten, die besonders viele Abgase ausstoßen sich nicht auf Vereinbarungen zur Reduktion der Emissionen einlassen wollen, da eine Umrüstung von Fabriken und Autos sich für sie wirtschaftlich nicht lohnt.

Viele Wissenschaftler und immer mehr Autoren sind sich inzwischen sicher, dass wir auf einen riesigen Abgrund zusteuern. Die Autoren des Dezernats Zukunftsanalyse glauben, dass in einigen Jahrzehnten die sicherheitspolitischen Folgen zu Tage treten[32]. Also gibt es schon jetzt Autoren, die Ratgeber zum Überleben in einer zerfallenen Gesellschaft schreiben. Es gibt zum Beispiel „den Prominentengärtner, der Ratschläge erteilt, wie man seine eigene Nahrung im Garten ziehen kann" (ebd.), das ist zwar keine anspruchsvolle Literatur, aber es ist ein Aspekt, mit dem sich die Autoren beschäftigen können. James Howard Kunstler gehört zu einer Gruppe von Wissenschaftlern, Künstlern und Schriftstellern, „für die längst feststeht, dass die Welt sich radikal verändern wird" (ebd.).

3.2.2 Schwarzmalerei oder Schönrederei?

Glaubt man den sogenannten „Doomer[n]' – Propheten des globalen Untergangs", so steht uns ein Zusammenbruch aller Systeme, Wirtschaft, Verkehr, Versorgung, bevor. Und viele Autoren werden es in ihren Büchern so drastisch darstellen, wie verschiedene Prognosen es prognostizieren.

Themen werden aber nicht nur die Natur selbst sein, sondern auch die aus der Veränderung entstehenden Resultate, wie den Zerfall der „Staatsmacht, [der] Sicherheitsapparate, [der] Infrastruktur, [...]" (ebd.). Je nach Menschenbild des Autors, werden die Szenarien mehr oder weniger extrem ausfallen.

Szenarien, die von den Autoren schöngeredet werden, werden seltener werden und solchen weichen, die das Überleben in einer Welt wie vor tausenden von Jahren, Seuchen und absolut widrige Wetterverhältnisse beschreiben.

---

[31] http://blog.greenpeace.de/blog/2010/12/15/rueckblick-auf-die-ergebnisse-des-klimagipfels-in-cancun/
[32] Petra Steinberger; „Als gäbe es ein Morgen" in Süddeutsche Zeitung; 23./24. Oktober 2010, Nr. 246

Literaturverzeichnis

Primärliteratur

Schätzing, Frank., Der Schwarm, Frankfurt am Main, Fischer Taschenbuch Verlag, 2005, 19.Auflage

Boyle, Thomas C., Ein Freund der Erde, München, Deutscher Taschenbuch Verlag, 2009, 6.Auflage

Zeitungsquelle

Steinberger, Petra; „Als gäbe es ein Morgen" in Süddeutsche Zeitung; 23./24. Oktober 2010, Nr. 246

Internetquellen

http://www.amazon.de/product-reviews/3423130539/ref=cm_cr_dp_all_helpful?ie=UTF8&showViewpoints=1&sortBy=bySubmissionDateDescending

http://www.amazon.de/product-reviews/3423130539/ref=cm_cr_dp_all_helpful?ie=UTF8&showViewpoints=1&sortBy=bySubmissionDateDescending

http://www.amazon.de/review/R2NBGCHUHIX0DI/ref=cm_cr_pr_viewpnt#R2NBGCHUHIX0DI

http://www.amazon.de/review/R1HD98ZLFT67U9/ref=cm_cr_pr_viewpnt#R1HD98ZLFT67U9

http://www.buecher.de/shop/buecher/der-schwarm/schaetzing-frank/products_products/detail/prod_id/25576377/

http://www.deepwave.org/index.php?option=com_content&view=section&id=4&Itemid=261&lang=de

http://de.wikipedia.org/wiki/Frank_Sch%C3%A4tzing

http://de.wikipedia.org/wiki/T._C._Boyle

http://de.wikipedia.org/wiki/T._C._Boyle#Romane

http://www.eurosolar.de/de/index.php?option=com_content&task=view&id=261&Itemid=56

http://www.faz.net/s/Rub79A33397BE834406A5D2BFA87FD13913/Doc~E15893F5885744778B90E0565B4297F57~ATpl~Ecommon~Scontent.html

http://www.faz.net/s/Rub79A33397BE834406A5D2BFA87FD13913/Doc~ECB6E4A57195B4B2AA12741A64440F26B~ATpl~Ecommon~Scontent.html http://blog.greenpeace.de/blog/2010/12/15/rueckblick-auf-die-ergebnisse-des klimagipfels-in-cancun/

http://www.literaturkritik.de/public/rezension.php?rez_id=3711&ausgabe=200106

http://www.mangreen.org/

http://papiernetz.de/docs/IPR_Beilage_web.pdf

http://www.whoswho.de/templ/te_bio.php?PID=404&RID=1